www.ingramcontent.com/pod-product-compliance
Lightning Source LLC
Chambersburg PA
CBHW070057080526
44586CB00013B/1101
* 9 7 8 1 9 8 7 8 6 9 1 9 4 *